Frankfurt

lieben lernen

*Der perfekte Reiseführer für einen unvergessli-
chen Aufenthalt in Frankfurt*

inkl. Insider-Tipps und Packliste

Miriam Buskohl

✈ INHALT

Vorwort

Niemals hätten sich die Franken, die seit 530 n. Chr. eine flache Stelle im Main zur Eroberung ihrer Ost-Gebiete nutzten, auch nur im Traum vorstellen können, welchen wirtschaftlichen und touristischen Aufschwung ihre ¨Frankenfurt¨ dereinst nehmen würde.

Aus einem bedeutenden Handelsplatz im Mittelalter und dem Ort der Königswahl 855 wurde die ¨freie Reichsstadt¨ nach dem II. Weltkrieg, als man 1949 Bonn mit nur einer Stimme um die Wahl der künftigen Bundeshauptstadt unterlag, zu einer der Metropolen in Deutschland und entwickelte sich ohne die politischen Zwänge, denen manch andere Landeshauptstadt folgen musste, zu einem einzigartigen Glanzstück in der Rhein-Main-Region.

Der Hauptbahnhof

Ich beginne meinen Ausflug nach Frankfurt am Hauptbahnhof, es ist Freitagmittag und ich habe das ganze Wochenende Zeit.
Seine zentrale Lage in Europa und die zahlreichen Anschlüsse machen den Hauptbahnhof für jedermann gut erreichbar. Er ist der größte Kopfbahnhof Deutschlands und spült aus seinem 1888 errichteten charakteristischen Tonnengewölbe täglich eine knappe halbe Millionen Berufspendler und Touristen in die größte Stadt Hessens.

24 Gleise, auf denen täglich bis zu 1170 Züge herein-
rollen, darunter 2 Ebenen zum Einkaufen und für die
S- und U-Bahn.

Auf seiner Südseite liegt einer der bedeutends-
ten Haltestellen für Fern- und Reisebusse. Das Ge-
misch der vielen Nationalitäten, die hier ständig ein-
und ausgehen, machen es schwer, festzumachen, auf
welchem Kontinent man sich gerade befindet, und
lassen zusammen mit den Auto-Pendlern, die eigentlich nur 750.000 Menschen zählende Stadt jeden
Werktag auf über 2 Millionen anwachsen und den
Bahnhof zu einem Schmelztiegel der Nationen werden

Errichtet worden ist der Bahnhof auf dem ehemaligen Galgenfeld, der bekanntesten Hinrichtungs-
stätte des alten Frankfurts. Bis zu vier Verurteilte
wurden hier gleichzeitig gehängt und für gewöhn-
lich blieben ihre Leiber bis zur völligen Verrottung
dort aufgeknüpft. Wenn jedoch ein wichtiger Fürst
oder Geistlicher durch das nahegelegene Galgentor
zur Stadt einritt, mussten die Toten schon früher ab-
gehängt werden.

Der Galgen wurde 1806 anlässlich des Geburtstags Napoleons, als Frankfurt von den Franzosen besetzt war, abgerissen und dauerhaft entfernt.

Die verschiedenen Hinrichtungsarten wurden in Frankfurt an jeweils eigenen Plätzen durchgeführt. An der Kreuzung der Mainzer Landstraße / dem heutigen Zimmerweg lag der Rabenstein; wegen der Rabenvögel erhielt der Platz seinen Namen, die die nach ihrer Hinrichtung verwesenden Leichen auffraßen. Hier wurden Enthauptungen und nichttödliche Körperstrafen vollzogen: Es wurde geblendet, Körperteile abgeschnitten. Falschspielern riss man üblicherweise die Ohren ab oder brannte ihnen einen Frankfurter Adler auf die Stirn. 1812 wurde der Rabenstein aber abgerissen.

Bis etwa 1300 hatte der Stadtgalgen etwas außerhalb der damaligen Stadtmauer, nahe der Hauptwache gestanden. Danach wurde, wie bereits erwähnt, der Galgenberg auf dem Gelände des späteren Hauptbahnhofs errichtet und 1772 war an der Hauptwache Susanna Margaretha Brandt, wegen der Tötung ihres Neugeborenen, mit dem Schwert hingerichtet worden. Ihr Fall hatte Goethe als Vorbild für sein ¨Gretchen¨ in Faust gedient.

Die amtlich letzte Hinrichtung durch Ertränken war 1613 durchgeführt worden. Bis dahin hatte man zahlreiche Delinquenten, entweder gefesselt oder in ein Fass gesperrt, von der alten Brücke in den Fluss geworfen.

Auch Selbstmörder, denen man ein christliches Begräbnis naturgemäß verweigerte, wurden auf diese Weise entsorgt, denn die Strömung war hier am stärksten und die Leiche trieb normalerweise erst außerhalb der Stadtmauern wieder ans Ufer, wo der hohe Rat der Stadt sich nicht mehr darum kümmern musste.

Die Steine des nach 1732 ersetzten Galgens aus Holz neben der Berger Warte auf dem Berger Berg wurden 1834 als Treppenstufen für die Berger Warte verwendet.

Für den Mord an seiner Frau war am 7. Juli 1799 ein Frankfurter Töpfermeister nahe der Hauptwache enthauptet worden, danach hatten keine Hinrichtungen mehr stattgefunden.

Das Rotlichtviertel

Dem Bahnhofsgebäude vis-à-vis betrete ich eine fremde Welt, das berühmte Rotlichtviertel: die zahlreichen Freudenhäuser, Strip- und Tanzlokale, Wirtschaften und Vergnügungsgeschäfte stellen auf knapp einem Quadrat-Kilometer vor allem die männlichen Besucher vor amouröse Versuchungen; Frauen dagegen bleibt der Zutritt zu den sogenannten ¨Laufhäusern¨ bis auf den heutigen Tag verwehrt.

Die meisten der sogenannten Kontakt-Bars zielen sowieso nur auf das männliche Publikum, und nur die allerwenigsten Frauen würden auf die oft derben und einfallslosen Sprüche, mit denen der Animateur seine Gäste hinein zu locken versucht, eingehen.

Ich erfahre, dass das ¨Crazy Sexy¨ in der Elbestraße das größte Bordell in Deutschland ist, mit über 180 Zimmern. Diese stehen immer offen, wenn das Mädchen darin einem unmoralischen Angebot gegenüber aufgeschlossen ist. Die Miete ist täglich fällig und wird in bar gezahlt. Dafür gibt es Hygiene-Artikel, Essen aufs Zimmer, Schutz vor allzu aufdringlichen Freiern und die Freiheit, auch einmal ¨Nein¨ zu einem Gast zu sagen.

Wer seine Miete ein zweites Mal schuldig bleibt, fliegt sofort raus, und nur wenige Stunden später ist das Zimmer erneut wieder vergeben – die Nachfrage, besonders aus Ost-Europa und Südamerika, ist immer groß.

Die Qualität und Attraktivität der Mädchen nehmen mit jedem Stockwerk ab:

Unten und sofort erreichbar sind die Zimmer der Hellhäutigen, darüber wird es dunkler, bis man ganz oben auf die günstigsten Huren, die aus Afrika, trifft.

Ein Bummel über den Straßenstrich in der Weser-
straße, der fest in rumänischer und bulgarischer
Hand ist, oder der Besuch des Sex-Kinos bei ¨Dr. Mül-
ler¨ an der Ecke Mosel- / Kaiserstraße ist jedoch beiden Geschlechtern gestattet.

Seit Jahren verliert das Viertel allerdings sein
¨Schmuddel¨-Image, die früher verruchte Kaiserstraße ist mittlerweile eine beliebte und hochprei-
sige Wohngegend geworden.

Die parallel verlaufende Münchener-Straße beherbergt zahlreiche kleine Imbiss-Läden und Fri-
sche-Geschäfte. Südamerikanisches Flair mit lateinamerikanischen Klängen und Salsa-Tänzen bietet in
der Münchener-Straße 57 das Latin Chango, die
größte Latin-Diskothek in Hessen. Ihr Einzugsgebiet
ist gigantisch, und selbst aus dem Rheinland-pfälzi-
schen und bayerischen Umland kommen die zahlreichen Fans, um bis in die frühen Morgenstunden ausgelassen zu feiern.

Die offene Drogenpolitik der Stadt zieht aber
auch eine Menge Abhängiger aus anderen Gegenden
an und der geduldete offene Drogenkonsum in den
übrigen Straßen führt seit Jahrzehnten zu gewaltigen Problemen: Dreck, Verwahrlosung, Kriminalität

und menschliches Elend machen das Viertel zu einem gefährlichen Pflaster, die allgegenwärtige Polizeipräsenz belegt dies in erdrückender Weise und verschafft Frankfurt jedes Jahr einen der vorderen Plätze im Rennen um den nur wenig schmeichelhaften Titel als ¨deutsche Großstadt mit den meisten Straftaten pro Einwohner¨.

Die Hochhäuser

Wenn man seinen Blick vom horizontalen Gewerbe zum vertikalen richtet, erkennt man parallel zum Bahnhofsviertel im Westen entlang der Mainzer Landstraße die Bankentürme, denen Frankfurt seine einzigartige Silhouette verdankt: die charakteristischen Doppelglastürme der Deutschen Bank (¨Soll & Haben¨), die umgedrehte Pyramide auf dem Dach des Trianon und daneben das eigenartig schmale Gebäude des FBC: Grund ist der Baustopp, der ab Mitte der 70er Jahre wegen der Öl-Krise verhängt worden war.

Man wich daraufhin von den ursprünglichen Außenmaßen ab und verringerte die Breite des Hauses. Nun steht es etwas schmalspurig mit seinen 142 Metern Höhe zwischen seinen Nachbarn: die DG-Bank mit ihrem auffälligen Außenkranz, in der weiteren Nähe der bleistiftartige Messeturm und als Abschluss des Rotlichtviertels nach Norden hin der 1978 errichtete Silberturm der ehemaligen Dresdner Bank, dessen Höhe und architektonischer Stil auch heute noch imponieren.

In der Innenstadt steht dagegen Europas höchster Wolkenkratzer, die mit 300 Metern spektakulär beleuchtete Niederlassung der Commerzbank

Nur wenige Meter davon entfernt, steht das ikonenhafte Japan-Center, einem mit terrakottafarbenen Naturstein verkleideten Hochhaus mit weit auskragendem Dach im Japan-Stil.

Keine europäische Großstadt hat eine derart beeindruckende Architektur zu bieten, weder London, Paris oder Madrid, und ihrer amerikanischen Silhouette verdankt sie den liebevollen Namen ¨Mainhattan¨.

Zwischen Bockenheim und Ginnheim, und damit ein gutes Stück weit im unverbauten Nordwesten, steht der Frankfurter Fernsehturm, im Volksmund auch „Ginnheimer Spargel" genannt. Seit er 1979 fertiggestellt worden war, ist er das höchste freistehende Gebäude Deutschlands. Man sieht seine charakteristische Spitze immer als erstes, wenn man sich Frankfurt auf der Autobahn von Norden oder Süden her nähert.

Aber erst seit 2004 werden über ihn auch Fernseh- und Mobilfunksignale gesendet.

Größte Attraktion war das damals darin enthaltene Restaurant, das sich zweimal in der Stunde um die eigene Achse drehte. Leider ist der Betreiber pleite gegangen und das Restaurant wird nicht mehr betrieben.

Wieder in der Innenstadt steht Frankfurts vierthöchster Wolkenkratzer, der Main Tower in der Neuen-Mainzer-Straße 52-58 mit seiner charakteristischen Sende-Antenne des Hessischen Rundfunks. Bis 19 Uhr kann man täglich gegen ein Entgelt mit einem Fahrstuhl auf eine Aussichtsplattform hinauffahren und sich in schwindelerregender Höhe einen Cocktail schmecken lassen. Ich entscheide mich für einen Singapore Sling und genieße eine Stunde lang die herrliche Aussicht bis weit in den

Taunus in die eine Richtung, Rheinhessen in die andere und den Odenwald im Süden.

Alle zwei Jahre findet in Frankfurt die „Luminale" statt, ein Festival der Lichtkultur, das immer während der Messe Light+Building veranstaltet wird. Sämtliche öffentlichen und privaten Hochhäuser werden in dieser Zeit nachts angestrahlt mit teils spektakulären Lichtinstallationen und Lichtkunstwerken. Anlässlich der Fußball-WM 2006 im eigenen Land waren die Fassaden der Frankfurter Hochhäuser mit den Konterfeis der aktuellen Nationalspieler angestrahlt und hatten die Bevölkerung auf das nahende Ereignis bereits eingestimmt.

Die Hauptwache und die Zeil

Den Mittelpunkt der Stadt erreiche ich nach nur wenigen Minuten zu Fuß oder mit der Straßenbahn, es ist die Hauptwache: ein von 1729-30 errichtetes Polizeirevier und Gefängnis, heute ein schickes Café, das zum Verweilen und Beobachten einlädt, umgeben von einem großen, unverbauten Platz.

Gegenüber hat ganzjährig die Katharinenkirche ihre Pforten für Besucher geöffnet, die erste lutherische Kirche in Frankfurt ab 1522. Im Jahr zuvor hatte der große Reformator auf dem Hin- und Rückweg zum Kirchentag in Ulm jeweils eine Nacht in Frankfurt verbracht.

Ab hier beginnt in nordöstlicher Richtung die völlig autofreie Einkaufsmeile "die Zeil", eine der Besucher- und umsatzstärksten Einkaufsstraßen in ganz Deutschland. Sie endet kurz hinter der Konstabler Wache.

Vom 99 Cent-Laden bis hin zu den Luxus-Tempeln in der Goethestraße ist für wirklich jede Geldbörse etwas dabei, und ich bestaune bei " Tiffanys" Schmuck im Wert eines Kleinwagens, Krawatten bei Armani, mit deren Gegenwert ich diesen Wagen viermal volltanken dürfte und für dessen Wiederverkaufserlös ich mir zwei Paar Schuhe bei Gucci leisten könnte.

Im Einkaufspalast "MyZeil", einem 6-geschossigen Kaufhaus mit der längsten freitragenden Innenrolltreppe Europas, erwerbe ich eine Jeans, während ich im Erdgeschoss mein Handy kostenlos aufladen lasse.

Für Abwechslung sorgen die zahlreichen Straßen-künstler und Musiker, die schon für wenige Cents ihre Darbietungen offerieren. Hier schaue ich eine Viertelstunde einem Mann zu, der aus einer Schub-karre Sand einen detailgetreuen, schlafenden Hund formt, während die übliche Musikanten-Truppe aus Peru oder Chile mit ihren Panflöten und Trommeln das Ganze akustisch umrahmt.

Gleich hinter der Hauptwache schlägt das wirt-schaftliche Herz der Republik: Nach den Geschäften der Frankfurter Börse richten sich hier Wirtschafts-bosse und Unternehmen.

Im ¨Bull and bear¨, einer Sportsbar direkt am Börsenplatz, beginnt das Wochenende bereits am Donnerstag mit den After-Work-Partys, wo zahlrei-che Banker und Finanzstrategen anzutreffen sind. Fast ausschließlich Männer in Anzügen mit gutsit-zenden Frisuren, und trotzdem ist die Stimmung ausgelassen und frei von Aggression. Die Zeit reicht noch für ein Selfie vor der bronzenen Bullen-Skulp-tur, dem Symbol für einen Aufschwung an der Börse; den Bären, das Gegenbild dazu, ignoriere ich einfach.

Weil es bereits nach 17.30 Uhr ist, komme ich als Besucher nicht mehr hinein, dabei wird hier bereits seit 1585 mit Wertpapieren gehandelt.

Dafür gelange ich noch schnell kurz vor der Konstabler Wache in das kulinarische Zentrum der Stadt, in die Kleinmarkthalle, die 1954 neu errichtet worden war: hier bieten über 150 Marktstände so ziemlich alles an, was auf unsere Teller gehört, vom ¨Rippche mit Kraut¨ bis hin zur dekadenten Delikatesse.

Hinter der Konstabler Wache endet die Zeil. An ihrem Übergang zur Friedberger Anlage / zum Sandweg steht das 9 Meter hohe Uhrtürmchen, einem 1894 errichteten Zeitmesser, der dem damals jüdisch geprägten Ostend als Treffpunkt diente und u.a. die Zeit für das Abendgebet exakt anzeigte.

Der Zoo

Noch etwas weiter östlich liegt der Frankfurter Zoo. 1858 eröffnet, ist er der zweitälteste in Deutschland, allerdings hatte das Gelände damals noch im Frankfurter Westend gelegen. 1874 erfolgte der Umzug auf die, damals außer der Stadt gelegene, Pfingstweide, einem ehemaligen Exerziergelände.

Das privat betriebene Unternehmen war 1915 von der Stadt Frankfurt übernommen worden, weil die Versorgung der Tiere dort wegen des 1. Weltkrieges nicht mehr sichergestellt war.

Einem Bombenangriff im März 1944 fielen sämtliche Aquarien- und Terrarientiere, alle Raubkatzen und fast alle anderen Tiere zum Opfer.

Dem Engagement des persönlichen Referenten des nach dem Krieg amtierenden Oberbürgermeisters, Bernhard Grzimek, ist es zu verdanken, dass der Zoo nicht, wie von den amerikanischen Besatzern angeordnet, abgerissen, sondern in Privat-Initiative wieder hergerichtet und weiterbetrieben worden war. Bereits am 1. Juli 1945 öffnete der Zoo wieder seine Pforten für die Besucher. Bis auf Elefanten, denen eine artgerechte Haltung nicht zugesichert werden konnte, unterhält der Zoo heute praktisch jedes Lebewesen, das nicht aus unseren Breitengraden stammt:

Giraffen, Menschenaffen, eine Bären-Anlage, einen Katzendschungel, Robbenklippe, ein Nacht-Haus, ein Exotarium und eine Vogelhalle gibt es zu bestaunen, insgesamt etwa 4650 Tiere, die im vergangenen Jahr fast eine Millionen Zuschauer anlockte.

Mit der U6 und U7 sowie der Straßenbahnlinie 14 gelangt man zur Haltestelle Zoo.

Das Goethehaus

Die deutsche Sprache ist durchsetzt mit Goethe-Zitaten und -Aussprüchen. Demnach spricht man heute noch vom ¨Erlkönig¨, wenn von einem neuen Auto in der Erprobungsphase die Rede ist, nachdem zwei Redakteure der ¨Auto Motor Sport¨ Anfang der 50er Jahre das bekannte Goethe-Gedicht leicht umwandelten in „...Wer fährt da so rasch durch Regen und Wind, ist es gar Daimlers jüngstes Kind?"

Der berühmteste Sohn der Stadt kam hier 1749 zur Welt, sein Geburtshaus steht noch immer im Großen Hirschgraben 23-25 unweit der Zeil.

Mit zehn Jahren musste Johann Wolfgang die Räume darin mit französischen Besatzungsoffizieren teilen, was ihm aber einen passablen Umgang mit deren Sprache einbrachte. Im dritten Stock seines Kinder- und Jugendzimmers erblickten seine Erstlingswerke ¨Götz von Berlichingen¨ und ¨die Leiden des jungen Werther¨ einstmals das Licht der Welt.

Das Haus beinhaltet ein wirklich sehenswertes Museum zu Goethes Ehren. Es hat jeden Tag geöffnet und gibt einen umfassenden Einblick in den Alltag der Familie Textor / Goethe mit zahlreichen Portraits und Textstücken. Ich erwerbe günstig einen Abdruck von ¨Goethe in der Campagna¨, jenem bekannten Gemälde Tischbeins, das den Dichter-Fürsten in lässiger Pose auf einem Feld vor Rom darstellt.

1844 war nahe der Hauptwache das Goethe-Denkmal errichtet worden, und es gehört heute zum guten Ton, sich mit dem Herrn Geheimrat einmal ablichten zu lassen.

Der Römer

Seit 1405 ist er der Sitz der Stadt-Regierung: der Römer. Nach Süden von der Zeil abbiegend, erreicht man einen großen Platz, eingerahmt von staatlichen Patrizier-Häusern, die jedoch nicht mehr im Original erhalten, sondern nach dem Krieg wieder aufgebaut worden sind.

Vom Balkon des Römers werden traditionell die heimkehrenden Nationalmannschaften der verschiedensten Sportarten begrüßt und beglückwünscht, zuletzt hatte die Stadt Kopf gestanden, als die Heimmannschaft der Frankfurter Eintracht 2018 den DFB-Pokal in Berlin errungen hatte – natürlich hatte ich damals mitgejubelt.

Die Bedeutung Frankfurts als Ort der Königs- und Kaiserwahlen unterstreicht die Abbildung der vier Kaiser Barbarossa, Ludwig der Bayer, Karl IV. und Maximilian II. an der Außenfassade des Römer-Haupthauses.

Da der Römer noch immer als Rathaus genutzt wird, steht er dem Besucher zu großen Teilen für Behördengänge offen und gelegentlich sieht man den Oberbürgermeister durch die Flure gehen.

Der Platz davor ist überfüllt mit Touristen, die den zahlreichen Reisebussen und nahegelegenen Passagier-Schiffen am Eisernen Steg entsteigen, in seiner Mitte steht seit 1542 der Justitia-Brunnen, aus dem anlässlich der Krönung des Kaisers Mathias 1612, Rot- und Weißwein entsprangen. Obwohl die Figur der Justitia stilgerecht mit Waage und Schwert ausgestattet ist, sind ihre Augen, anders als bei den sonstigen Darstellungen dieser Dame, nicht verbunden. Ihr offener Blick hatte jedoch auch nicht verhindern können, dass das Schwert seit 1947 mehr als ein Dutzend Mal entwendet worden war.

Ich entdecke in vier der Pflastersteine eingraviert die Buchstaben ¨OK¨ und werde darüber aufgeklärt, dass dies die Standbeine für die ¨OchsenKüche¨, den Spieß für den gebratenen Ochsen markierte, der anlässlich einer jeden Krönungsfeier für das Volk geschlachtet worden war. Von dort führt der sogenannte Krönungsweg, also das Stück, das die gekrönten Häupter im Mittelalter zu Fuß zurücklegen mussten, zum Kaiserdom vorbei an der ¨Neuen Frankfurter Altstadt¨, einem erst 2018 fertiggestellten Areal von 35 detailverliebten Nachbauten historischer Frankfurter Häuser aus dem Mittelalter und der Renaissance.

An deren Ende lädt der Kaiserdom zu einem Besuch ein: 855 wurde hier zum 1. Mal ein römisch-deutscher König gewählt, von 1356 bis 1806 geschah dies regelmäßig. Besonders spektakulär ist die Reliquie des Heiligen Bartholomäus, seit 1239 ist im Dom seine Schädeldecke ausgestellt. Nach der Reformation war Frankfurt überwiegend lutheranisch geworden, nur der Kaiserdom und einzelne umliegende Pfarreien blieben dem katholischen Glauben treu. Nur einen Steinwurf vom Römer entfernt liegt die Paulskirche, die 1833 errichtet worden und von 1848-49 Versammlungsort des ersten deutschen Parlaments gewesen war.

Seit 1802 ist die Stadt Eigentümerin aller neun Kirchen in der Innenstadt und der Dreikönigskirche auf der anderen Mainseite, und per Staatskirchenvertrag seit 190 Jahren zu ihrem Unterhalt verpflichtet. Viermal im Jahr findet aus Anlass dazu das traditionelle Frankfurter Geläute statt.

Das Museumsufer

Noch etwas weiter südlich durchtrennt der Main die Stadt. An seinen beiden Ufern, den ¨Museumsufern¨, liegen, wie an einer Perlenkette aufgeschnürt, 15 Museen: das Städel, das deutsche Filmmuseum, das Ikonenmuseum, das deutsche Architektur-Museum, das Kommunikations-Museum, das jüdische Museum, das archäologische Museum, die Schirn und weitere Ausstellungen locken jedes Jahr zahlreiche Kunst-Interessierte an, zuletzt hatte die ¨Van Gogh¨-Ausstellung für Warteschlangen bis tief in die Nacht gesorgt.

Mit einem vergünstigten Feierabend-Ticket gelange ich noch vor Tor-Schluss ins ehemalige Post- jetzt Kommunikationsmuseum und bestaune echte Altertümer wie einen Festnetzapparat mit Wählscheibe, sowie BTX- und Faxgeräte.

Aus Dankbarkeit für ihre vorübergehende Aufnahme in Frankfurt spendeten englische Protestanten, die ab 1553 vor ihrer katholischen Königin Maria I. geflohen waren, nach ihrer Rückkehr, dem Rat der Stadt einen vergoldeten Deckelpokal. Das sogenannte "Englische Monument" gehört seitdem zu den herausragenden Objekten des Historischen Museums Frankfurt.

Kultureller Höhepunkt des Jahres bildet immer am letzten August-Wochenende das Museumsuferfest: Mehr als 3 Millionen Besucher drängen sich dann an beide Ufer und genießen Livemusik, zahlreiche Imbiss-Stände und alle bis tief in die Nacht geöffneten Museen, deren Eintritt man nur einmal mit dem Erwerb eines Museumsbuttons bezahlen muss. An zwei Tagen findet auf dem Wasser eine Drachenboot-Regatta statt und den Schluss bestimmt immer ein gewaltiges Feuerwerk.

Die breiten Ufer des begradigten Flusses werden von den Frankfurtern vielfältig genutzt: Picknicken im Freien, Spaziergänge, Sport und Radfahren und sie bieten eine Menge Erholung inmitten der Großstadt. Jeden 2. Samstag findet auf der Sachsenhäuser Seite der sogenannte ¨Polen-Flohmarkt¨, einer der größten in Deutschland, statt.

Auch wenn der Main in Frankfurt den Franken zu Beginn ihrer Eroberungen eine Passage zum Durchqueren geboten hatte, so konnte es nicht ausbleiben, dass man begann, Brücken über den Fluss zu bauen, um trockenen Fußes auf die gegenüberliegende Uferseite zu gelangen.

Innerstädtisch gibt es neun Brücken, wobei besonders die Alte Brücke, 1222 erstmals erwähnt, der Eiserne Steg und der Hohlbeinsteg, jeweils reine Fußgängerbrücken, sehenswert sind.

An der Haltestelle Eiserner Steg liegen die Ausflugsboote der Primus-Linie. Mit ihrer Flotte „Nautilus", „Wappen von Frankfurt", „Maria Sibylla Merian" und „Johann Wolfgang v. Goethe" gelangt man immer an sieben Tagen die Woche flussaufwärts nach Seligenstadt und Aschaffenburg, flussabwärts bis zur Rhein-Mündung nach Mainz, Wiesbaden,

Eltville bis hin zur Loreley. Die Tour bietet einen un-
getrübten Blick auf Frankfurts Sehenswürdigkeiten,
und selbst bei schlechtem Wetter ist eine grandiose
Sicht von den gemütlichen Salons der Schiffe aus ga-
rantiert.

Sachsenhausen

Dribbdebach (darüber den Bach) wird die südliche Stadthälfte, Sachsenhausen, genannt. Der größte Stadtteil Frankfurts beherbergt ein legendäres Ausgeh- und Vergnügungsviertel entlang der Klappergass. Hier darf ich nicht gewesen sein, ohne das Frankfurter National-Gericht ¨Handkäs mit Musik¨, einem trockenen Sauermilchkäse, zusammen mit Kümmel und einer Zwiebel-Marinade, gekostet zu haben. Meinen Durst stille ich typischerweise mit einem ¨Stöffche¨, einem Apfelwein, der in geschliffenen Gläsern aus einem Ton-Krug, dem ¨Bembel¨, gereicht wird.

Üblicherweise wird das Getränk pur oder wenigstens "sauer" getrunken, also mit einem Spritzer Mineralwasser versetzt. Die mittlerweile weit verbreitete Unsitte, es "süß", also mit einem Schluck gelber Limonade zu genießen, stößt bei echten Frankfurtern Gastwirten auf Ablehnung oder führt häufig zu einem spöttischen Kommentar.

Am urigsten ist für ein solches Ereignis Frau Rauschers Gaststätte in der Klappergass geeignet, aber fast jede Kneipe in dem Viertel ist tatsächlich alt und original.

In der Schellgasse 8 steht Frankfurts ältestes erhaltenes Fachwerkhaus aus dem Jahr 1291. So solide, wie es einst erbaut worden ist, wird es sicher noch einmal die kommenden 800 Jahre überdauern.

Wahrzeichen des Stadtteils war der Sitz der Henninger-Brauerei, der Henninger-Turm, der jetzt einen Wohnkomplex innehat. Bis 1974 stellte er Frankfurts höchstes Gebäude dar, seit 2002 waren bereits die Aussichtsplattform und das drehende Restaurant geschlossen worden.

Nach Süden hin wird Sachsenhausen durch die Sachsenhäuser Warte, einem alten Wehrturm und dem Stadtwald abgeschlossen, der mit dem im

Wiederaufbau begriffenen Goethe-Turm – dieser war 2017 ein Raub der Flammen geworden – und der angeschlossenen Wirtschaft ein wirklich lohnenswertes Ausflugsziel bietet.

Ein kurzer Spaziergang entlang des noch immer genutzten Trimm-Dich-Pfades, und mit der Bus-Linie 48 gelange ich wieder in die Stadtmitte.

Der Tigerpalast

Ein absolutes Highlight eines jeden Frankfurt-Besuchs ist der "Tigerpalast" in der Heiligkreuzgasse, gleich hinter dem Gerichtsgebäude der Konstabler Wache. Obwohl ich nicht reserviert hatte, kann ich noch ein zurückgegebenes Ticket ergattern.

Auf einer nur 4x6 Meter großen Bühne in einem Saal für nur 190 Zuschauer werden hier 2x täglich ganzjährig großartige Revue-Shows mit Gesang, Varieté-, Trapez- und Tiernummern präsentiert, und obwohl ich glaubte, bereits alles gesehen zu haben, bleibt mir wiederholt der Mund offen stehen vor

Staunen, als ein Zauberer aus seinen Hosentaschen immer größere Vögel, bis hin zu ausgewachsenen A-ras hervorholte und in der Manege fliegen ließ!

Immer wieder gelingt es dem kleinen Ensemble, die größten Stars vom Moskauer Staatszirkus, dem chinesischen Nationalzirkus und westlichen Flagg-schiffen der Zelt-Unterhaltungsindustrie auf der winzigen Bühne zu präsentieren.

Im Anschluss folge ich der Empfehlung und gönne mir ein Menü im Keller gelegenen sterneprä-mierten Restaurant "Tiger-Gourmet"; ein teurer, aber lohnenswerter Abend...

Hotels und die Alte Oper

Frankfurt ist kein günstiges Pflaster. Nichtsdestotrotz kann man hier bereits für gerade einmal 15 Euro die Nacht in einem der zahlreichen Hostels übernachten, ohne Frühstück allerdings. Außerhalb der Messe sind die meisten Hotelbetten jedoch immer noch erschwinglich, und ich schlafe wieder in der Nähe des Bahnhofs im ¨Fleming`s¨ für akzeptable 60 Euro – mit Frühstück, versteht sich.

Einem Riesenrad ähnlich steht das Radisson Blu in der Franklinstraße 65, sein blauer Leuchtkranz ist bereits weit von der Autobahn aus zu sehen.

Ich habe gehört, dass dagegen keine Wünsche offen bleiben im legendären ¨Interconti¨ in der Wilhelm-Leuschner-Straße, dessen vielgerühmte Diskretion bereits Hintergrund zahlreicher politischer und diplomatischer Treffen auf höchster Ebene gewesen war.

Eine höhere Promi-Dichte verzeichnet dagegen der Frankfurter Hof an der Hauptwache, wenn wieder zum Opernball geladen wird, wenn sich wieder Größen aus Politik, Sport und Unterhaltung in der Alten Oper zusammenfinden, jenem 1880 im Stil der Neorenaissance errichteten Kulturtempel, und nach dem II. Weltkrieg 1981 wieder aufgebauten Schauspiel- und Musikhaus. Noch heute verfügt eine Bauvorschrift, dass nicht ein Schatten eines umstehenden Gebäudes auf das prachtvolle Gebäude fallen dürfe und ich genieße ein Eis auf dem großartigen Vorplatz mit seinem wunderschönen Brunnen und den umstehenden Bäumen.

Frankfurter Bäder

Mit über einer halben Millionen Gäste jährlich ist es eines der meistbesuchten Bäder Deutschlands, das Rebstockbad. An der Endhaltestelle der Straßenbahnlinie 17 im Westen der Stadt gelegen, bietet sich dem Freizeitsuchenden auf einer Wasserfläche von 3200 Quadratmetern eine Fülle von Bademöglichkeiten an: 1-, 3- und 5-Meter-Sprungturm, zwei riesige Außenrutschen, ein Wellen- und Außenbecken, innendrin mehrere Pools mit unterschiedlicher Tiefe und einer, bei Bedarf auf 50 Meter ausziehbaren, Wettkampfbahn lassen praktisch keine Wünsche offen, dem FKK-Freund stehen im Sauna-Bereich sechs Innensaunen, drei Außensaunen, ein Dampfbad und ein Kaltwasserbecken zur Verfügung. Beide Bereiche sind getrennt voneinander, dazu gibt es mehrere Whirlpools, Solarien und Entspannungszonen. Das architektonisch auffällige Haus war 1982 fertiggestellt worden.

In der Shopping-Meile Nordwestzentrum in der Römerstadt untergebracht, sind die Titus-Thermen, in denen sich dem Besucher eine freundliche, lichtdurchflutete Badelandschaft mit fünf 25-Meter-Bahnen bietet, versehen mit einem 1-Meter-Sprungturm, dazu ein Erlebnisbecken mit einer zentral installierten Massageorgel und Sprudelliegen an seinen Enden. Dazu gibt es einen Strömungskanal, der durch eine hübsch angelegte Felsenlandschaft führt.

Höhepunkt der Schwimmanlage ist eine Edelstahlrutsche, die schnell und abwechslungsreich ist. Der Rutsch-Verkehr ist hier nicht durch eine Ampel geregelt, sondern man sieht von seinem Startpunkt aus, wenn der Vorausfahrende am Ende angekommen und aus dem Gefahrenbereich herausgeschwommen ist.

Darunter ist eine hübsch beleuchtete Grotte. Es gibt ein Babybecken und mehrere Whirlpools. Das Aufsichtspersonal ist freundlich und kompetent. Sämtliche Becken sind aus Edelstahl, was der Hygiene zugutekommt und dabei sehr edel aussieht.

Abgetrennt vom Schwimmbereich und einen Stock höher gelegen, befindet sich die Sauna-Landschaft: Ganz im römischen Stil ausgestattet mit Skulpturen, „antiken" Vasen und Wandornamenten, bekommt man einen Eindruck, wie sich die alten Lateiner damals von den Strapazen ihrer Eroberungen am besten erholt haben müssen – zwischen 45 und 110 Grad bieten mehrere Saunen, dazu eine Salzgrotte, deren Beleuchtung durch die kristallinen Wände schimmert, eine Schneekammer mit echtem Schnee bei -14 Grad zum Abkühlen, zwei Dampfbäder, ein Erfrischungsbecken und hölzerne Liegen im Außenbereich, die einen Blick über die Stadt in der Ferne ermöglichen. Die Aufgüsse finden regelmäßig in einer der Schwitzbuden statt und variieren ständig in ihren Düften und Wirkungen. Nicht jeder Gast hält die Tortur bis zum Ende aus und muss aufgeben.

Zum fast stundenlangen Verweilen laden körperge-
formte, beheizte Liegen aus Keramik ein, leider gibt
es nur 5 Stück von ihnen.

Ich finde, die Sauna-Landschaft in den Titus-
Thermen ist die schönste in Frankfurt.

Im östlichen Bornheim, oberhalb der Eissporthalle und mit der Buslinie 38 gut erreichbar, liegt das
Panorama-Bad Bornheim. Montags, mittwochs, don-
nerstags und freitags hat es bereits ab 06.30 Uhr geöffnet, dienstags bleibt der Bereich geschlossen. Auf
sechs 25-Meter-Bahnen ist an wenig gut besuchten
Tagen sportliches Schwimmen möglich, es gibt einen
1- und 3-Meter-Turm, einen Nicht-Schwimmer-Be-
reich, sowie ein Außenbecken. Insgesamt beträgt
hier die Wasserfläche über 1000 Quadratmeter.

Auf zwei Ebenen darüber befindet sich der
Sauna-Bereich: eine 65 Grad-, 85 Grad- und 95 Grad-
Sauna, ein 45 Grad-Dampfbad und eine 90 Grad-
Blockhaussauna laden hier zum Entspannen ein,
nachgeschwitzt wird in einem 65-Grad-Raum. Dazu
gibt es reichlich Liegeplätze und einige Whirlpools.

Etwas familiärer, weil etwas kleiner, geht es im
Hallenbad Höchst zu: Mit den Buslinien 51 und 54
bis zur Haltestelle Höchst Bahnhof sind es nur

wenige Schritte bis zur Melchiorstraße 21. Geöffnet hat das moderne Bad die ganze Woche ab 07 Uhr, nur sonntags macht es zwei Stunden später auf. Auf sechs 25-Meter-Bahnen mit einem 1- und 3-Meter-Sprungturm ist sportliches Schwimmen möglich, es gibt aber auch ein Nichtschwimmer- und ein Baby-becken. Einen Außenbereich gibt es leider nicht. Die Sauna-Landschaft ist hübsch gestaltet und bietet alles, was der FKK-Fan wünscht.

Die Commerzbank-Arena

Wer über das Wochenende Frankfurt besucht und 90 Minuten seiner Zeit erübrigen kann, dem sei ein Besuch eines Fußballspiels der Frankfurter Eintracht in der Commerzbank-Arena ans Herz gelegt. Anstelle der ¨flachen Fußball-Schüssel mit Leichtathletik-Anlage¨, dem legendären Waldstadion, stürmen die Spieler seit 2005 in einer der größten und modernsten

Fußball-Arenen deutschlandweit. Über 51.000 Zuschauer kommen alle 14 Tage zum Heimspiel unter dem einziehbaren Stoffdach zusammen, um in einer einzigartigen Stimmung ihre Mannschaft nach vorne zu peitschen.

Mit der Straßenbahnlinie 20 gelange ich zum Haltepunkt "Stadion" und erwerbe am Ticketschalter eine Eintrittskarte gegen meine alte Heimatstadt.

Das Stadion ist rappelvoll und stimmt die Hymne "im Herzen von Europa" an – ein Gänsehautmoment! Von Fußball verstehe ich nicht allzu viel, aber die Zeitungen werden später schreiben, dass die Eintracht dank ihres "kämpferischen Auftretens" den Gegner verdient mit 2:0 nach Hause geschickt hat.

Der Deutsche Fußball-Bund (DFB) hat hier seine Deutschland-Zentrale und seine Fußball-Akademie wird in den nächsten Jahren auf dem Gelände der früheren Pferde-Rennbahn in Niederrad errichtet werden.

Die Messe

Bereits im Hochmittelalter war Frankfurt ein bedeutsamer Handels- und Umschlagplatz für Güter und Waren, die in ganz Europa getauscht und verkauft wurden, der Begriff "Messe" ist ebenso alt. Besondere Privilegien der Besucher, insbesondere die vorübergehende Aufhebung der Reichsacht, der Schutz vor laufenden Gerichtsverfahren während der Messe und das Recht, dass Jedermann (!) dort Waren anbieten und verkaufen durfte, unterstrichen die Bedeutung dieser Veranstaltung.

Heute finden die wichtigsten Messen in der Main-Metropole statt: die Buchmesse, Ambiente, Paperworld, Musikmesse, Heimtextil und Light+Building sind nur einige der Highlights, denen jährlich Millionen Gäste aus aller Welt zuströmen.

Leider zum letzten Mal fand die Internationale Automobil-Ausstellung IAA 2019 in Frankfurt statt.

Mit den S-Bahn-Linien S3-S6 und den Straßenbahnlinien 16 und 17 gelangt man jederzeit an die Haltestelle ¨Messe¨.

Gut zu erkennen ist ihr Eingang am, außerhalb des Geländes stehenden, Messeturm, der nach seiner Errichtung 1990 eine Zeitlang Europas höchstes Gebäude war. Seine bleistiftartige Silhouette ist weltberühmt, auch wenn er für Besucher nicht freigegeben ist. Der Turm hat eine eigene Postleitzahl (60308).

Auf dem Messe-Gelände befindet sich Frankfurts ¨gut Stubb¨, die Festhalle: die größten Weltstars der Unterhaltungsbranche geben sich regelmäßig ein Stelldichein und der Frankfurt-Marathon findet hier immer im letzten Oktober-Wochenende des Jahres seinen Ziel-Einlauf für die erschöpften Läufer.

Der Flughafen

Einen selbständigen Stadtteil, ca. 12 Kilometer vom Zentrum im Frankfurter Stadtwald gelegen, stellt der Frankfurter Flughafen dar; es ist eine Stadt für sich: auf einer Fläche von über 2000 ha arbeiten hier über 80.000 Beschäftigte, um im vergangenen Jahr ca. 70 Millionen Passagiere und 2 Millionen Tonnen Fracht in die Luft zu befördern.

Der Flughafen ist 1936 eröffnet worden und wurde schon nach kurzer Zeit zu einem europäischen Drehkreuz für die noch junge Luftfahrt.

Nach dem Krieg starteten überwiegend die sogenannten Rosinenbomber von hier, um die Blockade
Berlins durch die Sowjetunion zu durchbrechen. Insgesamt 79 Personen starben bei Unfällen während
der Luftbrücke.

Zu ihrem Gedenken stehen noch zwei der alten
Propeller-Maschinen hinter einem Zaun an der Au-
tobahn-Abfahrt ¨Flughafen¨

Am 1. März 1955 landete zum ersten Mal nach
dem Krieg wieder eine Maschine der Lufthansa in
Frankfurt und befeuerte damit einen Anstieg der zi-
vilen Luftfahrt, die einen stetigen Ausbau der Start-
und Landebahnen sowie der Terminals und Passa-
gier-Hallen notwendig machte.

1960 übernahm die Stadt als eine der ersten die
Namenspatenschaft für ein Flugzeug der Lufthansa,
einer Boeing 707.

Die, Anfang der 70er Jahre am Flughafen einge-
führten, Piktogramme zur Passagier-Lenkung setzten sich weltweit durch und stellen noch heute den
Standard im grafischen Leit-System dar.

Von 1981 bis 1984 dauerte der Bau der neuen
Startbahn West und von 1990 bis 1999 die Errichtung des Terminals 2.

Mittlerweile ist eine dritte Landebahn fertiggestellt und im Betrieb, ein drittes Terminal befindet sich derzeit noch im Bau.

Man erreicht den Flughafen entweder mit dem Auto über das Frankfurter Kreuz, der Verbindungsstelle zwischen der A5 und A3, oder vom Hauptbahnhof aus mit der S8 oder S9 im Viertelstundentakt.

Sogar ein hervorragend ausgebauter Fahrradweg verbindet die Stadt mit ihrem Flughafen und führt ganz dicht an den Absperrzaun zu den Start- und Landebahnen heran, wo sich am Wochenende immer wieder die sogenannten Kiebitze zusammenfinden: Leute, die die Luftfahrt zu ihrem Hobby auserkoren haben und immer wieder versuchen, als erste neue Flugzeugtypen zu entdecken und abzulichten.

Der Bahnhof Flughafen befindet sich unter dem Squaire, dem mit 140.000 Quadratmetern größten Bürogebäude Deutschlands mit eigener Postleitzahl. Lohnenswert ist ein Ausflug zu den Besucherterrassen im Terminal 1: Hautnah beobachte ich hier bei einem Kaffee die Starts und Landungen der größten Passagier-Maschinen der Welt.

Palmengarten & Westend

Eine Oase der Erholung mitten im Stadtgebiet stellt der 1871 fertiggestellte Palmengarten am Eingang der Siesmeyer-Straße dar. Auf 22 ha werden hier liebevoll gepflegte und kultivierte Pflanzen aus allen Teilen der Welt präsentiert, Sonderschauen, wie das ¨Rosen- und Lichterfest¨, locken zahlreiche Besucher aus aller Welt an.

Weil ich Orchideen so aufregend finde, ist die Sonderausstellung dieser spargelartigen Zierpflanze genau das richtige für mich. In gewaltigen Treibhäusern, die alle mit einer kleinen elektrifizierten Eisenbahn verbunden sind, präsentiert sich mir eine Pracht an Farben und Gerüchen, dass man es kaum glauben mag.

1890 war ¨Buffalo Bill¨, der berühmte Western-Mann, mit seinem Indianer-Zirkus hier aufgetreten.

Nur wenige hundert Meter weiter, in der Freiherr-vom-Stein-Straße 30, entdecke ich die Westend-Synagoge, die von 1908-1910 von der immer größer gewordenen jüdischen Gemeinde Frankfurts errichtet worden war und erfahre, dass sie, wie durch ein Wunder ,von den Pogromen der Reichskristallnacht 1938 verschont geblieben war.

Die Synagoge liegt im Frankfurter Westend, jenem Stadtteil, in dem die Millionärs-Dichte so hoch sein dürfte wie kaum woanders: Prächtige Villen und Herrenhäuser, teils privat bewohnt, teils repräsentative Niederlassungen von Privat-Banken auf beiden Seiten der Bockenheimer Landstraße und zwischen der Alten Oper und dem Bockenheimer Depot.

Von den Grundstücksspekulationen hier zu Beginn der 70er Jahre nahm die Frankfurter Hausbesetzer-Szene ihren Anfang, die u.a. im Herbst 1971 in einer der ersten Straßenschlachten zwischen der Polizei und studentischen Protestlern gipfelte.

In der Senckenberganlage, nahe des Campus Bockenheim, befindet sich das Naturmuseum Senckenberg, das zweitgrößte Naturkundemuseum Deutschlands.

Zunächst war es 1817 auch auf Betreiben Goethes nahe des Eschenheimer Tors gegründet worden. 1904-07 wurde es dann auf dem heutigen Gelände wieder errichtet.

Bereits am Eingang stehen die Skulpturen von 2 gigantischen Dinosauriern, die Teil der Dauerausstellung über die Riesenechsen sind. 18 Skelette von ihnen stellen die größte Sammlung dieser prähistorischen Tiere in Deutschland dar, das gewaltigste ist das des 18 Meter langen Diplodocus. Viele der Exponate stammen aus der Darmstädter Grube Messel, in der immer wieder spektakuläre Funde ausgegraben werden, wie längst ausgestorbene Reptilien, Fische und eine nur 55 cm hohe Pferdeart.

Rüsseltiere und Wale werden hier in großen Lichthöfen präsentiert sowie Mammuts und Urpanzerfische.

Im ersten Obergeschoss stehen in historischen Vitrinen aus dem frühen 20. Jahrhundert ausgestopfte Vögel und Säugetiere, die größtenteils bereits ausgestorben sind.

Daneben gibt es eine Ausstellung über Reptilien und Amphibien.

Der 2. Stock beherbergt riesige Ausstellungsräume mit Insekten, riesigen Bienen, Heuschrecken und Ameisen.

Als Kind war ich oft hier gewesen und hatte Stunden vor dem Schaufenster einer Riesenschlange zugebracht, die bei dem Versuch, ein junges Wildschwein zu verschlucken, daran erstickt war, ebenso wie das arme Schwein. Dem Präparator war damit wirklich ein meisterhaftes Exponat gelungen!

MIRIAM BUSKOHL

Die Höchster Manufaktur

Als Liebhaber von Nippes und kleinen Figür-
chen muss ich der Höchster Porzellan-Ma-
nufaktur ganz im Westen der Stadt einen
Besuch abstatten. Mit der Buslinie 54 fahre ich bis
zum Bolongaro-Palast und gehe ein kleines Stück zu
Fuß.

1749 gegründet, nur 50 Jahre später bankrott-
gegangen, um 1947 erneut ins Leben gerufen zu
werden, wird hier noch heute Porzellan-Ware von
höchster Qualität hergestellt. Die Figuren und

Geschirre mit dem geschützten "Mainzer Rad" finden weltweit ihre Liebhaber und Sammler. Für 20 Euro erwerbe ich einen Salz- und Pfefferstreuer, original aus Frankfurt.

Bis 1928 war Höchst eine eigenständige Stadt gewesen. Hier hatte bis 1999 die Hoechst AG ihren Hauptsitz, bevor sie mehrfach verkauft und umbenannt wurde.

Hier mündet die Nidda in den Main. Prächtig erhalten ist die Altstadt von Höchst mit ihrem Schloß, der Justinuskirche und dem Bolongaropalast, alles hier steht unter Denkmalschutz.

Im angrenzenden Stadtteil Sossenheim, in der Wilhelm-Fay-Straße 21, ist eine der letzten deutschen Uhren-Manufakturen beheimatet: die Sinn Spezialuhren GmbH.

Hier werden noch von Hand mechanische Uhren zusammengesetzt, die besonders unter Piloten einen legendären Ruf besitzen. Seit 1961 produziert Sinn seine Chronometer ausschließlich in Frankfurt.

Der Osten

Im Osten der Stadt, früher bis in die 90er hinein ein Industrie-Gebiet mit nur wenig Attraktivität, haben mittlerweile zahlreiche Clubs, noble Autohäuser und Lokale Einzug gehalten. Den Beginn der Sonnemannstraße / Hanauer Landstraße bestimmt das imposante Gebäude der ¨Europäischen Zentralbank¨ EZB, die 2015 auf dem Gelände des ehemaligen Schlachthofes unter Beibehaltung des Hauptgebäudes eröffnet worden war. Zusammen mit dem 185 Meter hohen Nord- und dem 165 Meter hohen Südturm stellt es ein architektonisches Juwel im Ostend dar.

Wenig glanzvoll dagegen verlief ihre Eröffnung am 18. März 2015: Gewalttätige Proteste, brennende Barrikaden, ein verwüstetes Polizei-Revier und schwere Randale durch die Blockupy-Bewegung verhinderten die Anreise der geladenen Prominenten mit dem Auto und machten eine Anreise mit dem Schiff und der Anlandung auf der Gebäude-Rückseite, die direkt am Main liegt, notwendig.

Mittlerweile treiben aber die vielen Mitarbeiter und Angestellten des Hauses die Immobilienpreise in der Umgebung nach oben.

Man erreicht diese Gegend vom Hauptbahnhof oder der Konstabler Wache aus mit der Straßenbahnlinie 11 und 12 Richtung Schießhüttenstraße.

An ihrem Hochzeitstag, dem 18. Januar 1894, gründeten Fleischermeister Karl Gref und seine Frau Wilhelmine Völsing das mittlerweile weit über die Grenzen Frankfurts hinaus bekannte Metzger-Unternehmen Gref-Völsing. Es wird in der 5. Generation betrieben und hat seinen Sitz in der Hanauer Landstraße 132. Dort werden täglich etwa 7000 Frankfurter Rindswürste hergestellt und verkauft, mittags stehen die Kunden bis auf die Straße hinaus Schlange, um eine davon zu ergattern.

Das ausschließlich verwendete Rindfleisch machte die Wurst Anfang des 20. Jahrhunderts auch für jüdische Bürger essbar, denen der Verzehr von Schweinefleisch untersagt ist.

Abseits der repräsentativen Show-Rooms, am Ufer des dahinter fließenden Mains, gibt es noch riesige Container-Anlagen und Güterverkehr.

Den Abschluss nach Osten hin bilden die Cassella-Werke in Fechenheim, einem deutschen Chemie- und Pharmaunternehmen, aber das Highlight des Stadtteils ist die 23-jährige Araber-Stute Jenny, die dort jeden Tag völlig alleine spazieren geht – mit Wissen und Duldung ihres 80-jährigen Halters: Nur mit einem Schild behangen, auf dem steht „Ich heiße Jenny, bin nicht weggelaufen, gehe nur spazieren" geht der sanfte Hafer-Verwerter dort täglich seine Route und wird von den Bewohnern begrüßt wie eine alte Bekannte. Bis vor kurzem war noch eine Schäferhündin ständig bei ihr, aber diese musste eingeschläfert werden. An der Endstation der Straßenbahnlinie 11 Richtung Fechenheim kann man das ungewöhnlich zutrauliche Tier jeden Tag streicheln und sich mit ihm fotografieren lassen.

Zweimal im Jahr, und das bereits seit dem 14. Jahrhundert, feiert Frankfurt seine Dippemess; ursprünglich ein Markt für Haushaltsgegenstände, darunter auch für Schüsseln und Töpfe (auf frankfurterisch ¨Dippe¨), ist sie mittlerweile ein weit über die Region hinaus bekanntes Volksfest am Festplatz am Ratsweg, das jeweils etwa 2 Millionen Besucher anlockt. Sie ist gut erreichbar mit der U7 und Linie 12 der Straßenbahn.

Weit im Osten, kurz vor Offenbach, liegt das beliebte Ausflugsziel Gerbermühle. Etwa um 1520 erbaut, diente sie viele Jahre zunächst zum Mahlen von Getreide und war ein bedeutender Wirtschaftsfaktor um diese Zeit.

Goethe besuchte 1814 erstmals die Besitzer-Familie Willemer und begann eine Beziehung mit der Ehefrau seines Gastgebers, Marianne von Willemer. Zwischen dem wesentlich älteren Dichter und seiner Muse entwickelte sich eine literarische Kreativität, die ihren Ausdruck u.a. in drei von Marianne verfassten Versen fand, die alle Teil von Goethes Buch „Suleika" wurden. An seinem 66. Geburtstag, den er wiederum in der Gerbermühle feierte, widmete er Marianne ein Gedicht.

Danach verlor die Mühle an wirtschaftlicher Bedeutung und der Hof zerfiel.

Erst 1904 sanierte die Stadt das Gut, und das Lokal wurde ein beliebtes Ausflugsziel. Während des 2. Weltkrieges wurde es weitestgehend zerstört und erst in den 1970er Jahren wieder aufgebaut. Seit den 2000er Jahren unterhält der Betreiber nun ein Hotel und ein Restaurant und in den Sommermonaten ist es ratsam, sich einen Tisch zu reservieren, wenn man gerne dort speisen möchte, wo dies 200 Jahre zuvor der Herr Geheimrat bereits getan hatte.

Ein paar Kilometer davor, am Bornheimer Hang, hat einer der traditionsreichsten Sportvereine in Hessen sein Zuhause: der FSV Frankfurt. 1899 in Bornheim gegründet, kickt der Regionalligist Südwest in der PSD Bank-Arena und ein echter Frankfurter drückt dem sympathischen Verein zu jedem Heimspiel die Daumen, dem am 9. März 1957 ein 4:3 gegen den haushohen Favoriten Eintracht Frankfurt gelang.

Die mittlerweile aufgelöste Frauenabteilung des FSV stellte mit Spielerinnen wie Steffi Jones, Birgit Prinz und Sandra Smisek dreimal den deutschen Meister und den fünffachen DFB-Pokalsieger und machte den Verein damit zu einem der erfolgreichsten im Frauen-Fußball.

Frankfurt hat auch seinen eigenen Nationalfeiertag, den ¨Wäldchestag¨: immer am Dienstag nach Pfingsten zieht es den Frankfurter in den Stadtwald, um in Volksfeststimmung feiern zu gehen. Bis heute haben die meisten Angestellten ab 12 Uhr frei und die Geschäfte nachmittags geschlossen.

Eines der größten Weihnachtsfeste mit über 3 Millionen Besuchern ist der seit 1393 veranstaltete Weihnachtsmarkt, der sich vom Mainkai über den Römer, den Liebfrauenberg bis hinauf zur Zeil zieht und dabei über 200 Stände und Buden präsentiert. Mit Spannung wird jedes Jahr die Enthüllung des Weihnachtsbaumes erwartet, der auf dem Römerberg errichtet wird, seit der früheren Oberbürgermeisterin Petra Roth anlässlich der Präsentation der Tanne bei eingeschaltetem Mikrofon ein gezischtes ¨Mein Gott, ist der hässlich!¨ entfuhr, und jedes Jahr muss die gespendete Fichte oder Tanne ersetzt oder aufgehübscht werden, weil sie den langen Transport selten unbeschadet überlebt.

Der größte Karnevalsumzug Hessens findet nicht etwa im Mainz gegenüberliegenden

Wiesbaden statt, sondern in Frankfurt, bei dem sich regelmäßig über 6000 Teilnehmer den über 300.000 Zuschauern präsentieren. Epizentrum dieser Veranstaltung ist seit 1839 traditionell das ¨Klaa Paris¨ in Frankfurt Heddernheim.

Die Berger Straße

Mit der U4 fahre ich bis Bornheim Mitte, einem der quirligsten Stadtteile Frankfurts, er wird durch die Berger-Straße von Süd nach Nord geteilt.

An warmen Sommerabenden stellen die Wirte der zahlreichen Gaststätten oft ihre Tische und Bänke auf die Straße und verlagern das Leben vor die Tür. Bornheim vermittelt dann ein südeuropäisches Lebensgefühl, wenn mit dem Auto fast kein Durchkommen mehr ist und das Essen draußen eingenommen wird. Von hier war 1785 Francois Blanchard zur ersten Heißluftballon-Fahrt über deutschem Boden aufgebrochen und kurze Zeit später in Weilburg gelandet.

Ich speise außergewöhnlich gut im Schöneberger (Berger Str. 237), gehe zu Fuß zurück in die Innenstadt und komme an zahlreichen kleinen Restaurants und Bars vorbei. Was auffällt: es gibt hier viel zu wenige Parkplätze, ich sehe Feierabend-Heimkehrer, die x-mal um ihren Block fahren, auf der Suche nach einem Abstellplatz für ihr Vehikel und es dann völlig entnervt irgendwo im Halteverbot abstellen, in der Hoffnung, bis zum Morgen keinen Strafzettel dafür zu bekommen. Wer hier einen Parkplatz ergattern konnte, der gibt ihn nie wieder auf, lässt sein Auto darauf stehen, bis der TÜV abgelaufen ist und fährt mit dem Fahrrad oder der Bahn.

Auf dem Rückweg gelange ich über den Grüneburgweg. Seit 1994 steht hier die Fritten-Bude „best woschd in town", ein weit über die Grenzen Hessens hinaus bekanntes Franchise-Unternehmen eines Frankfurter Geschäftsmannes mit 22 Filialen.

Er hatte die Currywurst revolutioniert: auf einer „Hall of pain" werden die Schärfegrade der Wurst-Saucen dargestellt auf einer Skala von A bis F, es gibt noch Zwischenstufen, die mit einem „+" versehen sind.

Dazu gibt es ein krustiges Sauerteigbrot, das exklusiv von einem Frankfurter Bäcker dafür hergestellt wird. Ich bin mutig und bestelle eine Wurst in der Schärfe „B+" - es ist die Hölle und ich glaube fast, mir die Speiseröhre zu verbrennen. Mit dem firmeneigenen Kakao kann ich jedoch den schlimmsten Brand etwas lindern. Angeblich lässt sich der Geschäftsmann bei höherwertigen Bestellungen per Unterschrift von eventuellen Schadensersatzansprüchen freistellen.

Selten habe ich so tapfere Kunden gesehen, die mit den Tränen kämpften und schließlich doch die Wurst nach nur wenigen Bissen stehen ließen.

Nordend & Niddapark

Einer der größten Friedhofsanlagen Deutschlands liegt an der Eckenheimer Landstraße nördlich des Alleen-Rings. Er war 1828 eröffnet worden und ich besuche die zum Teil prachtvollen Gräber und Gedenkstätten manch berühmter Frankfurter Persönlichkeiten:

Arthur Schopenhauer, der deutsche Philosoph, der 1860 in Frankfurt verstorben war, der Literatur-Kritiker Marcel Reich-Ranicki (verstorben 2013), der bekannte Psychiater und Verfasser des

¨Struwwelpeter¨ Heinrich Hoffmann (verstorben 1894), sowie das Vorbild seines ¨Paulinchens¨, das leichtsinnig mit Streichhölzern hantierte, Pauline Schmidt.

Es ist ein wundervoller Park mit hohem Erholungswert und ich verbringe über 2 Stunden damit, nur die schönsten Gräber ausfindig zu machen. Dazu sind 2 jüdische Friedhöfe angebunden.

Direkt an der Außenmauer befindet sich das nur wenig ansehnliche Lokal ¨Thai Express¨. Ich bin überrascht: das Essen ist günstig und absolut lecker, laut mehreren angebrachten Zeitungsausschnitten des Frankfurt-Journals ist dieser Imbiss bereits mehrfach zum leckersten Thai-Restaurant in Frankfurt gekürt worden!

Alle seit 1913 öffentlich erschienenen Schriftstücke zu sammeln, zu archivieren und der Bevölkerung und Wissenschaft zugänglich zu halten, ist Aufgabe der 1997 gegenüber dem Hauptfriedhof in der Adickesallee eingeweihten Nationalbibliothek, der 2. nach dem Standort Leipzig. Mit über 32 Millionen erfassten Schriftstücken ist sie die größte im gesamten deutschsprachigen Raum und eine der größten der Welt.

Ein paar Kilometer weiter nord-westlich, gut zu erreichen mit der U1, U6 und U9, liegt der Niddapark, ein riesiges Areal, das im Norden von der Nidda durchströmt wird. Hier war 1989 die Bundesgartenschau veranstaltet worden, weswegen der Platz heute noch BuGa-Gelände genannt wird. Zahlreiche Sportplätze hier bieten gerade der im Norden wohnenden Bevölkerung einen Ort der Erholung und Fitness an.

Der Ebbelwei-Express

Seiner einprägsamen Architektur und Silhouette verdankt Frankfurt auch einige Drehorte in Film und Fernsehen: Der hessische Tatort, ¨ein Fall für 2¨, ¨zum blauen Bock¨ und ¨die Hesselbachs¨ vermitteln auch den bundesdeutschen Zuschauern die Sprach- und Lebensgewohnheiten am Main.

1958 war hier der Film ¨Das Mädchen Rosemarie¨, der die Lebensgeschichte der Rosemarie Nitribitt darstellte, gedreht worden. Zwei Jahre später spielte die Stadt den Hintergrund für Elvis Presleys Film "Cafè Europa" (G.I. Blues), in dem er sie auch besingt. Der 1984 mit Götz George gedrehte Spielfilm "Abwärts" spielt in einem Frankfurter Bürohochhaus.

Der Hessische Rundfunk hat hier in der Bertramstraße seine Zentrale.

Wenn dem Besucher der Trubel in der Stadt zu viel wird und ihm mehr der Sinn nach Weite und frischer Luft steht, dann führen die S-Bahnlinien S5 nach Bad Homburg und S4 nach Kronberg innerhalb von 20 Minuten in den nahegelegenen Taunus, wo zahlreiche Wanderwege und spektakuläre Aussichten den Aufstieg lohnenswert machen.

Wer nicht mehr gut zu Fuß ist, aber dennoch Frankfurt erkunden möchte, dem sei die Fahrt mit dem Ebbelwei-Express empfohlen:

In historischen Straßenbahn-Waggons geht es vom Zoo durch die Altstadt, vorbei am Römer, durch das Bahnhofsviertel zum Hauptbahnhof und weiter zur Messe.

Dort wendet er und fährt über den Main nach Sachsenhausen, und von dort wieder zum Zoo. Alle

35 Minuten kann eine Tour gebucht werden, auf der u.a. Apfelwein und Mini-Brezeln gereicht werden.

MIRIAM BUSKOHL

Frankfurt als Sportstadt

Frankfurt bietet auch dem Sportler eine Menge: An jedem letzten Oktober-Wochenende findet der Marathon statt, an dem bis zu 10.000 Läufer teilnehmen. Er ist der älteste Marathon Deutschlands und wird seit 1981 ausgetragen.

Traditionell beginnt die Tour an der Festhalle auf dem Messe-Gelände, führt bis zum Platz der Republik, dann nach links auf die Mainzer Landstraße, zweimal um die Taunusanlage, über die Bockenheimer Warte zur Alten Oper.

Hier ist die Stimmung, die die Zuschauer und Rundfunkübertragungswagen verbreiten, am besten, und lässt manchen Läufer, wider besseren Wissens um seine Kondition, schneller laufen, als ihm gut tut.

Über die Alte Brücke geht es dann rüber nach Sachsenhausen in die Stadtteile Niederrad und Schwanheim. Niederrad ist ein Büro-Stadtteil, hier finden sich während des Laufs, der immer an einem Sonntag ausgetragen wird, nur wenige Zuschauer, und man kann sich tatsächlich auf das Laufen konzentrieren.

Hier hatte ich 1995, als ich mit aufgescheuerten und wunden Füßen an meinem ersten Marathon teilnahm, meine funkelnagelneuen, erst 20 Kilometer eingelaufenen, aber eben unbequemen Turnschuhe in einem Gebüsch deponiert und war barfuß weitergelaufen, in der Hoffnung, mein Schuhwerk am nächsten Tag dort wiederzufinden; offenbar hatte dies trotzdem in einem der wenigen Zuschauer Begehrlichkeiten erweckt, denn tags darauf war mein Versteck verwaist. Noch heute trage ich diese schändliche Tat jedem Niederräder nach.

Am westlichsten Punkt der Strecke, am Höchster Bolongaropalast, geht es über die Mainzer

Landstraße wieder zurück in die Stadtmitte. Läuft man an der Galluswarte durch das Europaviertel, kurz durch das Bahnhofsviertel, über die Hauptwache wieder bis zur Alten Oper und von dort zurück zur Festhalle, passiert man zwangsläufig auch den Hammering Man, eine riesige, schwarze Skulptur, deren motorgetriebener Arm beständig einen Hammer auf- und abschwingt.

Trotz der Schmerzen beim Laufen ist der Frankfurt-Marathon ein besonderes Erlebnis, denn er führt vorbei an zahlreichen Sehenswürdigkeiten und ist gesäumt von zahlreichen Zuschauern und Fans, die den Läufer immer wieder pushen.

Immer im Juli eines Jahres wird in Frankfurt der Iron Man, eine Qualifikations-Veranstaltung für den Iron Man auf Hawaii, ausgetragen. Seit 2002 quälen sich über 3000 Athleten zunächst beim Schwimmen über 3,8 Kilometer im Langener Waldsee.

Danach geht es mit dem Fahrrad in das Frankfurter Umland, bis hinauf in die Wetterau in Friedberg. Die Spreu vom Weizen trennt dann ¨the beast¨, der Anstieg an der Vilbeler Landstraße in Frankfurt Bergen-Enkheim, bevor es dann endlich in die Innenstadt geht.

Die Marathon-Strecke absolviert man dann über einen viermal zu umrundenden Parcours auf beiden Seiten des Mains, bevor man am Zieleinlauf am Römer immer von einer jubelnden Menschenmenge empfangen wird.

Üblicherweise stehen den Athleten 16 Stunden für die Gesamtstrecke zur Verfügung, Klagen von Anwohnern über den Lärm reduziert dieses Zeitfenster in Frankfurt auf nur 15 Stunden.

Seit 1961, immer am 1. Mai, werden in Frankfurt Straßenradrennen durchgeführt, damals noch als "Rund um den Henninger Turm", als Start und Ziel noch am Hainer Weg bzw. der Darmstädter Landstraße lagen, nahe dem Wahrzeichen der Henninger-Brauerei.

Mittlerweile haben die Sponsoren gewechselt und der Start des Rennens "Rund um den Finanzplatz Eschborn-Frankfurt" beginnt in Eschborn, führt zur Alten Oper und dann mehrfach durch die angrenzenden Taunus-Gemeinden.

Die Strecke ist dabei gesäumt von Radsport-Fans und die Daheimgebliebenen hoffen jedes Mal, in den vom Hubschrauber aus übertragenen Bildern ihr Eigenheim oder ihre Straße von oben zu sehen.

Seit 1993 findet in Frankfurt der größte Firmenlauf der Welt statt: über 50.000 Teilnehmer starten dann zum "J.P. Morgan Corporate Challenge" auf der nur 5,6 Kilometer langen Strecke, die von zwei Punkten nahe des Opernplatzes aus startet,, und am Eschenheimer Tor wieder zusammenführt, die Eschersheimer Landstraße hinauf bis zum Bremer Platz, parallel zurück über den Reuterweg und die Mainzer Landstraße, von dort auf den Platz der Republik, Richtung Messekreisel und zum Ziel an der Bockenheimer Warte. Jeweils vier Teammitglieder, in der Regel Arbeitskollegen, laufen gemeinsam und ihre Gesamtzeit wird gewertet. Jeweils vier Euro des Startgeldes werden einem jährlich wechselnden guten Zweck gespendet.

Immer im Mai treffen sich Amateurtänzer zum weltgrößten Tanzturnier "Hessen tanzt" in der Eissporthalle. Über 7000 Bewegungsbegeisterte aus dem In- und Ausland messen sich in Wettkämpfen in Standard- wie auch in Lateinamerikanischen Tänzen. Für Zuschauer ist der Eintritt frei.

Der größte Sportverein Hessens ist die Turngemeinde Bornheim TGB, die ihre Geschäftsstelle in Bornheim in der Berger-Straße 294 hat. In 19

Sportstätten, quer über das Stadtgebiet verteilt, werden hier täglich Fitness-, Tanz-, Kraft-, Gymnastik-, Spinning-, Badminton-, Karate-, Pilates-, Basketball- und Spinningkurse angeboten, die jeden Tag von über 2000 Sportbegeisterten angenommen werden.

Wer es etwas ruhiger und spiritueller angehen möchte: seit 2017 liegt Frankfurt auf dem sogenannten Lutherweg 1521, der den Spuren des Reformators folgt, als dieser von seinem Exil in der Wartburg zum Kirchentag nach Worms reiste und dabei in Frankfurt übernachtete.

Offenbach

Eine seltsame Hass-Liebe verbindet Frankfurt mit Offenbach. Praktisch ineinander übergehend und miteinander verwachsen, trennt mehr als das Ortsschild die beiden Städte am Main.

Konfessionelle Streitigkeiten zwischen dem lutherischen Frankfurt und dem reformierten Offenbach um die richtige Glaubensauslegung seit dem 16. Jahrhundert befeuerten zunächst die Rivalität zwischen den Main-Anliegern. Bis 1866 bildeten die Stadtgrenzen zugleich auch die Landesgrenzen, zwischen der freien Reichsstadt Frankfurt und dem preußischen Gebiet.

Unter den älteren Bewohnern Frankfurts gibt es nicht wenige, die sich eher den Fuß abhacken ließen, als ihn in die Nachbarstadt zu stellen, und heftigster Ausdruck der gegenseitigen Abneigung sind die – zum Glück seltenen – Begegnungen ihrer beiden Fußball-Vereine Frankfurter Eintracht und Offenbacher Kickers, bei denen gekämpft und mitgefiebert wird, als ginge es um das nackte Leben.

Einer urbanen Legende zufolge führt, wer ohne die erforderliche Fahrerlaubnis seinen PKW bewegt, ein ¨OF¨, für ¨ohne Führerschein¨, im Autokennzeichen und darf damit nur östlich von Frankfurt unterwegs sein, während ihm im Rest der Republik nach erfolgreicher Ablegung der Fahrprüfung das Fahren mit einem ¨F¨, für ¨Führerschein¨, im Nummernschild gestattet ist.

Die momentan größte Baustelle Offenbachs befindet sich derzeit an der Nahtstelle zu Frankfurt, dem Kaiserlei-Kreisel:

Seinen Namen erhielt er durch einen im nahen Main gelegenen, riesigen Felsen (keltisch ley=Felsen oder Stein, daher auch Loreley), der erst 1852

gesprengt wurde, um die Fahrrinne für die Schiff-
fahrt zu verbreitern.

Der später dem Straßenverkehr gewidmete
Kreisel, der von der A 661 abführt, war einstmals das
größte Auto-Rondell Europas.

Künftig soll der Rundverkehr von der A 661 auf
eine zweispurige Kreuzung umgeleitet werden und
die Stadt Offenbach hofft, auf den freiwerdenden
Flächen dazwischen Gewerbe ansiedeln zu können.
Seit 2005 hat der koreanische Autohersteller
Hyundai seinen Europa-Firmensitz in Offenbach,
aber der jüngeren Generation sind solche Abgren-
zungen zusehends fremd und die kulturellen Unter-
schiede verschwimmen immer mehr.

Wie Frankfurt sein Gesicht verlor

Nach der Machtergreifung durch die Nationalsozialisten wurde Frankfurt wegen seiner zahlreichen kriegswichtigen Betriebe in die oberste Schutzkategorie eingestuft, was zur Folge hatte, dass bis Kriegsausbruch über 200 Luftschutzräume und Löschwasserbecken im gesamten Stadtgebiet fertiggestellt wurden. Die Bevölkerung war in den Jahren zuvor durch wiederholte Luftschutzübungen auf einen Krieg mit Fliegerbomben eingeschworen worden.

Am 4. Juni 1940 warfen zum ersten Mal britische Bomber rund 40 Sprengbomben über Griesheim ab, wobei 7 Menschen starben.

Daraufhin wurde in Windeseile mit dem Bau von Luftschutzbunkern begonnen und die ersten standen in der Schäfflestraße, der Germaniastraße, der Rendeler Straße und am Glauburgplatz. Insgesamt überzog ein Netz von 38 Bunkeranlagen die gesamte Stadt, zumal bis Mai '41 keine weiteren Luftangriffe auf die Stadt erfolgten.

Einen schweren Angriff starteten die Briten in der Nacht vom 12. auf den 13. September 1941, als erstmals auch Brandbomben und Phosphorkanister eingesetzt, 74 Wohnhäuser beschädigt und 8 Bewohner getötet wurden.

Nur geringen Sachschaden verursachte ein Luftangriff am 24. Oktober 1941, als ein paar Bomben lediglich im Frankfurter Stadtwald niedergingen.

Danach herrschte wieder fast ein halbes Jahr lang Ruhe.

Über 8000 Brandbomben fielen schließlich am 25. August 1942 über dem nördlichen Stadtgebiet, wobei auch erneut die Festhalle getroffen wurde. Am 9. September wurden Eschersheim und Höchst bombardiert, was aber nur geringe Schäden verursachte.

Ab dem 12. August 1943 erfolgte die Verschickung von Schulkindern aufs Land, weil die britischen Bomberverbände nun Unterstützung durch amerikanische erfuhren, wobei am 4. Oktober '43 erstmals gezielt die Heddernheimer Kupferwerke angegriffen, und auch die benachbarten Stadtteile Bonames und Römerstadt beschädigt wurden.

Am Abend desselben Tages warfen die Alliierten über 200.000 Stabbrandbomben und 16.000 Phosphorkanister über der Innenstadt ab und setzten zahlreiche Fachwerkhäuser mit ihren Holzbauten in Brand. Besonders der östliche Teil der Innenstadt mit seiner Klein- und Großmarkthalle, der Zoo sowie der Ostbahnhof wurden in schwere Mitleidenschaft gezogen. Die genauen Positionen der Objekte hatten die Alliierten den Katasterkarten entnommen, die die deutsche Brandschutzversicherungen Jahre zuvor bei britischen Rückversicherern hinterlegt hatten.

Dabei starben über 500 Menschen, darunter 90 Kinder.

Am 25. November und 20. Dezember 1943 erfolgten nachts zwei weitere Luftangriffe, bei denen einmal etwa 150.000, im zweiten Fall ca. 450.000 Brandbomben vor allem über der Altstadt, Fechenheim und Sachsenhausen abgeworfen und 175 Bewohner getötet wurden.

Ein besonders schweres Bombardement musste die Bevölkerung am 29. Januar 1944 ertragen, als amerikanische Flugzeuge am helllichten Tag und bei guter Sicht über 120.000 Brandbomben abwarfen und dabei über 3000 Häuser ruinierten, etwa 900 Menschen töteten und das Schauspielhaus völlig zerstörten.

Auch der Hauptbahnhof erhielt erstmals Treffer in diesem Krieg.

Verirrte Bomben, die eigentlich dem Gallusviertel gegolten hatten, fielen am 4. Februar 1944 auf Bockenheim und zerstörten das Markus-Krankenhaus völlig. Insgesamt gab es 348 Tote zu beklagen.

Starker Schneefall am 2. März '44 erschwerte den alliierten Luftverbänden die Sicht und sie warfen ihre Bombenlast irrtümlich über den Nachbargemeinden Bad Vilbel, Bergen-Enkheim und Seckbach ab, wobei auch die Hauptwasserleitung aus dem Vogelsberg beschädigt wurde.

Einen der schwersten Luftangriffe flogen die Briten in der Nacht vom 18. auf den 19. März 1944, als sie etwa 7000 Wohngebäude in der Innenstadt ruinierten, das Hospital zum Heiligen Geist und die Paulskirche schwer beschädigten.

Aber nur drei Tage später wurde Frankfurts Gesicht für immer entstellt, als die Alliierten in drei Wellen etwa 1, 2 Millionen Brandbomben auf den Stadtkern warfen und dabei sämtliche Fachwerkhäuser, die bis dahin dem Krieg standgehalten hatten, völlig zerstörten. Nur das Haus Wertheim am Fahrtor blieb durch einen Wassernebel, den die Feuerwehr mit Wasser aus dem nahegelegenen Main über das Haus legte, als einziges Gebäude verschont. Noch heute steht es unverändert am selben Platz.

Das Goethe-Haus am Großen Hirschgraben brannte komplett aus, alle Innenstadtkirchen wurden ein Opfer der Flammen. Die Turmuhr der Katharinenkirche blieb zum Zeitpunkt des Luftangriffs bei 21:43 Uhr stehen. Über 1000 Menschen starben bei den fast 9000 Bränden, zahlreiche wurden in den einstürzenden Luftschutzkellern verschüttet.

Der letzte große Luftangriff auf Frankfurt fand am 12. September 1944 statt, als etwa 240.000 Brandbomben vor allem in Bockenheim niedergingen und noch einmal über 170 Todesopfer forderten.

Insgesamt blieben nur 5 Gebäude innerhalb des Anlagenrings unbeschädigt, der Rest wurde völlig zerstört oder zeitweise unbrauchbar gemacht. In anderen Stadtteilen lag die Zerstörung von Wohngebäuden bei teilweise mehr als 70%, nur Eckenheim und Bonames blieben überwiegend verschont.

Das erste öffentliche Gebäude, das nach dem Krieg wieder aufgebaut wurde, war die Paulskirche am 18. Mai 1948, als sie als Parlamentsgebäude einer künftigen Bundeshauptstadt Frankfurt im Gespräch war.

Die Aufbau- und Restaurationsarbeiten zogen sich z.T. bis in die 80er Jahre hinein, als erst 1981 die Alte Oper wieder eingeweiht und 1983 die Fachwerkhäuser am Römerberg rekonstruiert wurden.

Frankfurter Musikgeschichte

Fast jede deutsche Großstadt hat eine oder mehrere Bands hervorgebracht, die einen regional-typischen Musik-Stil und Sound entwickelten:

Die Ärzte aus Berlin, die Toten Hosen aus Düsseldorf, BAP und die Höhner aus Köln, Udo Lindenberg aus Hamburg und aus Frankfurt stammt das Rödelheim Hartreim Projekt, das 1994 den Deutsch-Rap in der Republik erst salonfähig machte mit seinen Künstlern Moses Pelham, Xavier Naidoo und der damals noch völlig unbekannten Sabrina Setlur. Im Rock- / Hardrockbereich feierten die Böhse Onkelz und Tankard überwiegend nationale Erfolge.

Daneben entwickelte sich in den späten 80ern bis 90er am Main eine Techno-Club-Szene mit solch Schwergewichten wie dem Dorian Gray am Flughafen und dem Omen in der Frankfurter Innenstadt, wo DJs wie Sven Väth den Grundstein ihrer Karriere legten. Am Abschiedswochenende des Omens am 19. Oktober 1998, das von Freitag bis Montag durchging, war der Besucherandrang so groß, dass die Polizei die Junghofstraße absperrte, um den Feiernden das Tanzen draußen vor den Lautsprechern zu ermöglichen.

Die Eurodance-Gruppe SNAP! ging als internationaler Act aus dieser Szene hervor.

Wirtschaftsstadt Frankfurt

Frankfurt ist eine Wirtschaftsstadt und viele Unternehmen gründeten oder verlegten ihren Firmensitz an die Main-Metropole:

Der japanische Software- und Konsolenhersteller Nintendo hat seinen Europa-Sitz in der Herriotstraße 4, die Deutsche Bank residiert in der Taunusanlage, die Lufthansa fliegt von Frankfurt aus in alle Welt und die größte Brauereigruppe Deutschlands, die Radeberger Gruppe KG, hat ebenfalls ihren Sitz in Frankfurt.

Daneben haben die Autohersteller Fiat Chrysler, Honda und Kia ihren Europa-Sitz an den Main verlegt, ebenso der US-Spielzeughersteller Mattel.

Am 1. März 1948 wurde die deutsche Bundesbank, damals noch als "Bank deutscher Länder", in Frankfurt gegründet, sie bestimmt seitdem unabhängig die Geld- und Zinspolitik in Deutschland. Als man während des kalten Krieges in den 60er Jahren eine Invasion durch die Sowjetunion nicht ausschließen mochte, verlagerte man von 1962 bis 1964 etwa 15 Milliarden DM als Notstandswährung in einen Bundesbankbunker nach Cochem ins Moseltal.

Daneben besitzt sie nach den USA die zweitgrößten Reserven an Gold, z.Z. etwa 3384 Tonnen.

Die letzte Serie der alten 200-DM-Scheine stellte eine Collage bekannter Frankfurter Bauwerke dar: die Paulskirche, der Hauptbahnhof, der Eschenheimer Turm, die Hauptwache, der Römer, das Goethe-Haus und der Eiserne Steg waren darauf abgebildet.

Nestlé und Ferrero, die beiden Nahrungsmittelproduzenten, haben ihre Deutschlandzentralen in Frankfurt, ebenso die Ratingagenturen Standard & Poor`s, Moody`s und Fitch Ratings und das Film-Unternehmen 20th Century Fox.

Wer heutzutage einen Domain-Namen registrieren lassen möchte, muss dies bei dem in Frankfurt ansässigen Monopol-Unternehmen DENIC tun.

Der größte Internetknoten der Welt wird ebenfalls hier, in der Kleyer-Straße, verwaltet.

Die Gewerkschaft DGB und die der Deutschen Lokomotivführer haben am Main ihren Hauptsitz, die Zeitschriften "Öko-Test" und "Titanic" haben ihre Verlage hier.

Der ehemals größte Chemie-Konzern der Welt, die Hoechst AG, ist nach mehreren Aufkäufen mittlerweile zerschlagen und gehört in Teilen anderen Chemieunternehmen.

Ohne Hauptstadt eines Staates zu sein, hat nur New York mehr ausländische Konsulate als Frankfurt, hier werden die Interessen von Angehörigen aus 108 Ländern vertreten.

Ihr weltweit größtes Konsulat unterhalten die USA in der Gießener-Straße im Frankfurter Norden.

1895 wurden in der Kleyerstraße / Weilburger-Straße die Adlerwerke gegründet, die zunächst Fahrräder, Autos und Motorräder herstellten. Ihre PKW waren der Konkurrenz in den 20er und 30er

Jahren des 20. Jahrhunderts technisch weit überlegen.

Der Autobau wurde nach dem 2. Weltkrieg aufgegeben, weil Stückzahlen und Qualität nicht mehr erreicht werden konnten, stattdessen produzierte man am Firmensitz in Frankfurt ab 1958 Büromaschinen, darunter die weltbekannte Trimph-Adler-Schreibmaschine. 1998 war auch damit Schluss und das Firmengelände wurde verkauft. Heute gastiert darin das Gallus Theater.

Der bundesdeutsche Haupthandelsplatz für Felle und Pelze hatte nach dem 2. Weltkrieg bis hinein in die 80er Jahre in der Niddastraße im Frankfurter Bahnhofsviertel gelegen. 65% aller weltweit gehandelten Rauchwaren liefen in dieser Zeit über dieses Viertel.

Zwei Tageszeitungen von überregionaler Bedeutung kommen aus Frankfurt: die Frankfurter Allgemeine Zeitung, FAZ, die ihre Redaktionsräume im Gallus an der Mainzer Landstraße unterhält, und die Frankfurter Rundschau, FR, die in Sachsenhausen untergebracht ist.

Von wirtschaftlicher Relevanz ist das ebenfalls in Frankfurt produzierte Handelsblatt.

Die Nachrichtenagentur Reuters hat ihren Firmensitz im Messeturm.

2014 war nach 38 Jahren der bekannte Rockclub die „Batschkapp" nach Bergen-Enkheim umgezogen, davor waren dort zahlreiche Künstler, z.T. bereits von Weltruhm, in dem kleinen Club aufgetreten.

Seit über 70 Jahren begeistert der Jazzkeller in der kleinen Bockenheimer Straße 18a seine Besucher.

Das Verbrechen

Frankfurt ist zudem Schauplatz einiger spektakulärer Morde:

In einer Villa im Kettenhofweg 124a im noblen Westend fand die Polizei in einem gut getarnten Bordell 1996 die Leichen von sechs Menschen, darunter vier Edelprostituierten. Sie waren alle erwürgt worden. Der Täter, ein Freund eines der Mädchen, hatte aus Geldgier gehandelt und war zu einer lebenslangen Freiheitsstrafe verurteilt worden.

2002 hielt die Entführung des Bankiers-Sohnes Jakob von Metzler die Republik in Atem: ein mit der Familie befreundeter Jura-Student hatte den Jungen entführt, noch am selben Tag erstickt und die Leiche in einem See entsorgt. Dennoch verlangte er von den Eltern eine Million Euro. Bei der Geldübergabe wurde der Täter von der Polizei beobachtet und bei dem Versuch, sich ins Ausland abzusetzen, festgenommen. Erst unter der Androhung von Gewalt durch einen Ermittlungsbeamten verriet er das Versteck des toten Kindes und verklagte den ihn vernehmenden Beamten, wofür er eine Entschädigung erhielt. Dennoch wurde der Täter zu lebenslanger Haft verurteilt.

Ungeklärt bis auf den heutigen Tag ist der brutale Mord 1998 an dem damals 13-jährigen Tristan Brübach: seine Leiche war geschändet und fast öffentlich ausgestellt worden und eine fast beispiellose Fahndungs- und Ermittlungsarbeit der Polizei verläuft seitdem ergebnislos.

1996 wurde der Unternehmer-Sohn Jakub Fizmann von seinem Firmenhof in der Eschborner Landstraße von Rainer Körppen und dessen Sohn entführt. Die Geldforderung an die Familie betrug zunächst 3,5 Millionen, später sogar 4 Millionen D-Mark, und obwohl die Eltern das Lösegeld zahlten, starb Jakub durch die Hand seiner Entführer und sie entsorgten seine Leiche in einem Waldstück im Taunus. Der Vater wurde als Haupttäter zu lebenslanger Haft verurteilt, sein Sohn wegen Beihilfe zu 12 Jahren. Nach seiner Freilassung 2006 nahm er sich bald darauf das Leben.

Eines der spektakulärsten Verbrechen der Nachkriegszeit ereignete sich jedoch in der Frankfurter Innenstadt: 1957 wurde die stadtbekannte Edel-Prostituierte Rosemarie Nitribitt in ihrer Wohnung in der Stiftstraße 36 von einem unbekannten Täter erwürgt und erschlagen. Ihre zahlreichen Verehrer stammten überwiegend aus der gesellschaftlichen Oberschicht, ihr schwarzer Mercedes SL war bereits zu ihren Lebzeiten legendär. Wegen zahlreicher Pannen der Frankfurter Polizei während der Ermittlungen wurde niemals Anklage gegen jemanden erhoben, der Täter wurde nie ermittelt, und wer weiß – vielleicht wandelt er noch heute unerkannt unter uns...

Erkunden Sie Frankfurt!

Packliste

Geld & Finanzen

O (evtl.) Auslandswährung
O Bargeld
O Bauchtasche
O Brustbeutel
O Bauchtasche
O EC-Karte
O Kreditkarte
O Notfall-Telefonnummern der Banken
O Portmonee

Hygiene

O Haarbürste / Kamm
O Deo (klein)
O Shampoo
O Kulturtasche
O Sonnencreme
O Taschentücher

O Reise-Zahnbürste und Zahnpasta
O Verhütungsmittel

Kleidung

O Badeklamotten
O Gürtel
O Hosen kurz / lang
O Mütze / Cap / Hut
O Pullover
O Regenjacke
O Schlafanzug
O Socken
O Sonnenbrille
O Sportklamotten / Jogginghose
O T-Shirts
O Unterwäsche

Medikamente

O Blasenpflaster
O Anti-Durchfalltabletten
O Erste-Hilfe-Set

O Fiebertabletten

O Fiebertabletten

O Mückenschutz

O sonstige Medikamente

O Pflaster

O Kopfschmerztabletten

Unterlagen & Papiere

O ADAC Unterlagen

O Adresslisten für Postkarten

O Krankversicherungsnachweis

O Stadtplan

O Führerschein

O Unterlagen für die Unterkunft

O Wasserdichte Hülle für Reiseunterlagen

O Impfausweis

O Mietwagenunterlagen

O Personalausweis

O Reisepass

O Reisetagebuch

O evtl. Studentenausweis

O evtl. Visum
O Zug- / Bahn- / Flugticket

Taschen & Rucksäcke

O Koffer / Trolley / Reisetasche
O Regenhülle für Rucksack
O Rucksack

Schuhe

O Badeschlappen / Hausschuhe
O Schuhe und Wechselschuhe

Sonstiges

O Brille / Kontaktlinsen und Etui
O Buch zum Lesen
O Ohrenstöpsel und Schlafmaske
O Regenschirm
O Reisedecke
O Wasserflasche
O Wörterbuch

Elektronik

O Digitalkamera
O Handy
O Ladekabel
O Kopfhörer
O evtl. Steckdosenadapter
O Power-Bank

Herstellung und Verlag:

BoD – Books on Demand, Norderstedt

ISBN: 9783751959667

1. Auflage

Kontakt: Psiana eCom UG/ Berumer Str. 44/ 26844 Jemgum

Covergestaltung: Fenna Larsson

Coverfoto: depositphotos.com